The material in this book is intended for personal use only. No part of this publication may be transmitted, reproduced, stored, sold, or recorded without written permission from the author.

ISBN: 9798365708273

© 2022 JDA Learning Resources LLC

Website: JadyAlvarez.com

Youtube Educational Videos: https://www.youtube.com/c/JadyAlvarez

Instagram: JadyAHomeschool

© 2022 JDA Learning Resources LLC

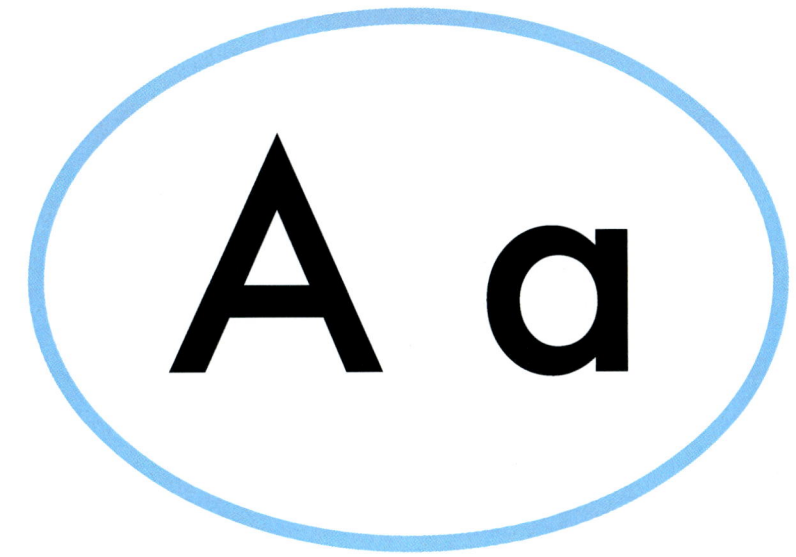

a   a   a

© 2022 JDA Learning Resources LLC

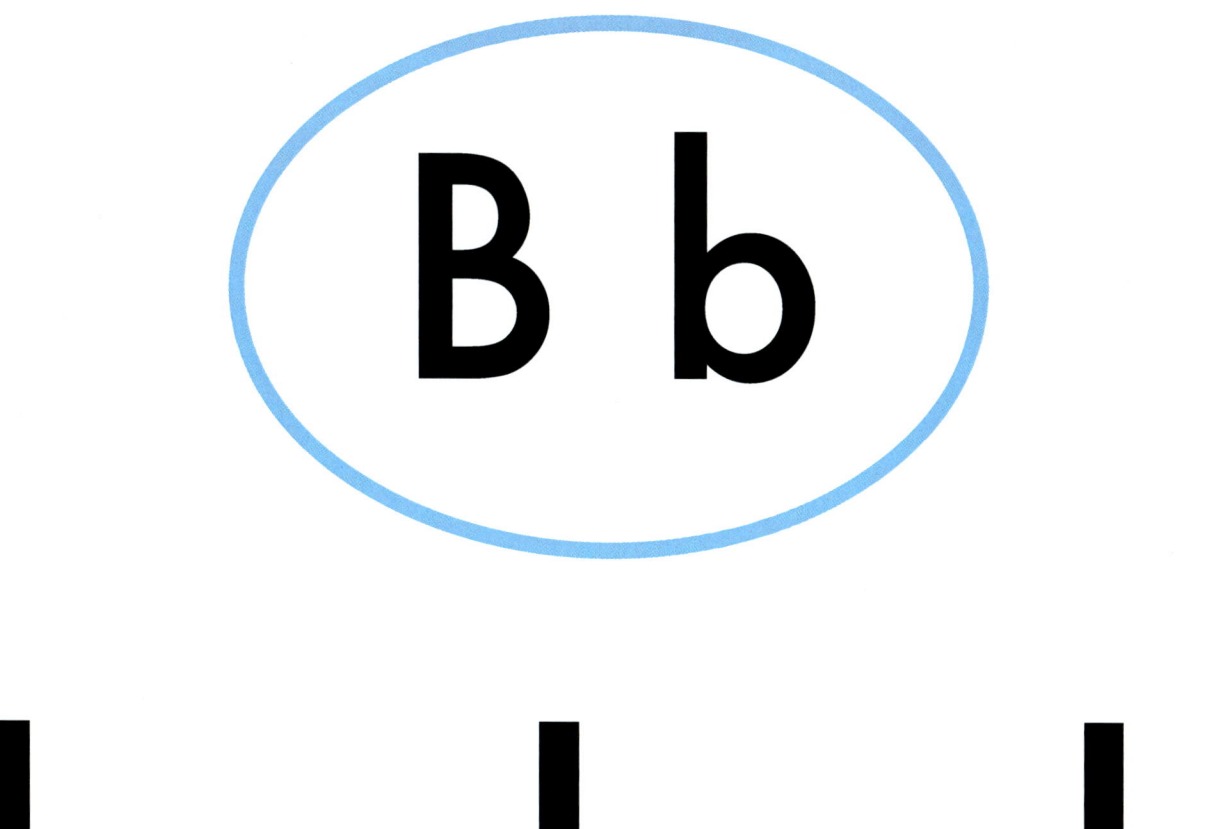

b b b

© 2022 JDA Learning Resources LLC

© 2022 JDA Learning Resources LLC

C c

c c c

© 2022 JDA Learning Resources LLC

D d

d d d

© 2022 JDA Learning Resources LLC

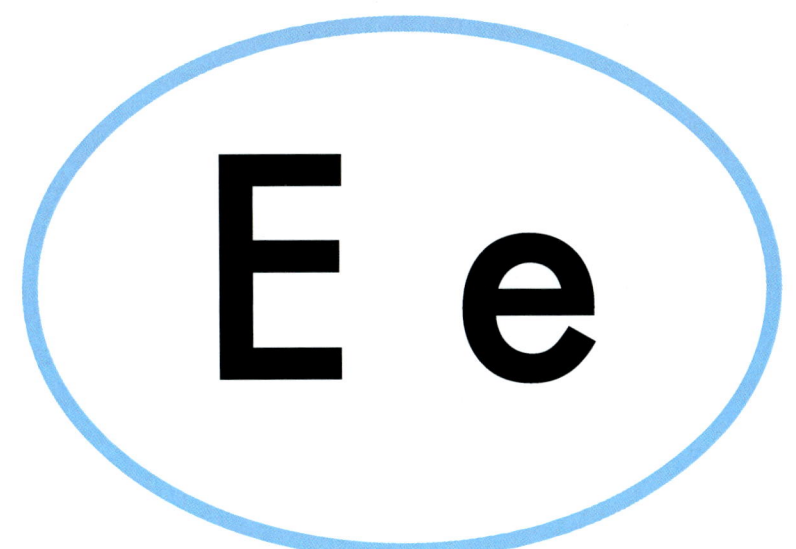

e e e

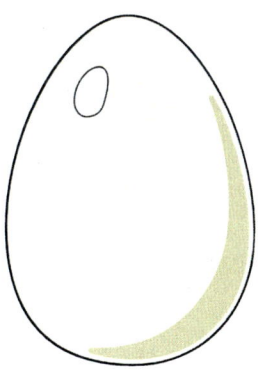  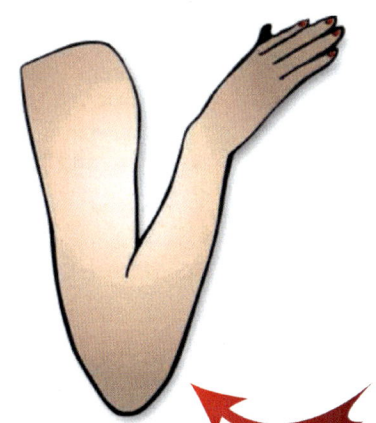

© 2022 JDA Learning Resources LLC

© 2022 JDA Learning Resources LLC

© 2022 JDA Learning Resources LLC

G g

g g g

© 2022 JDA Learning Resources LLC

H h

h h h

© 2022 JDA Learning Resources LLC

© 2022 JDA Learning Resources LLC

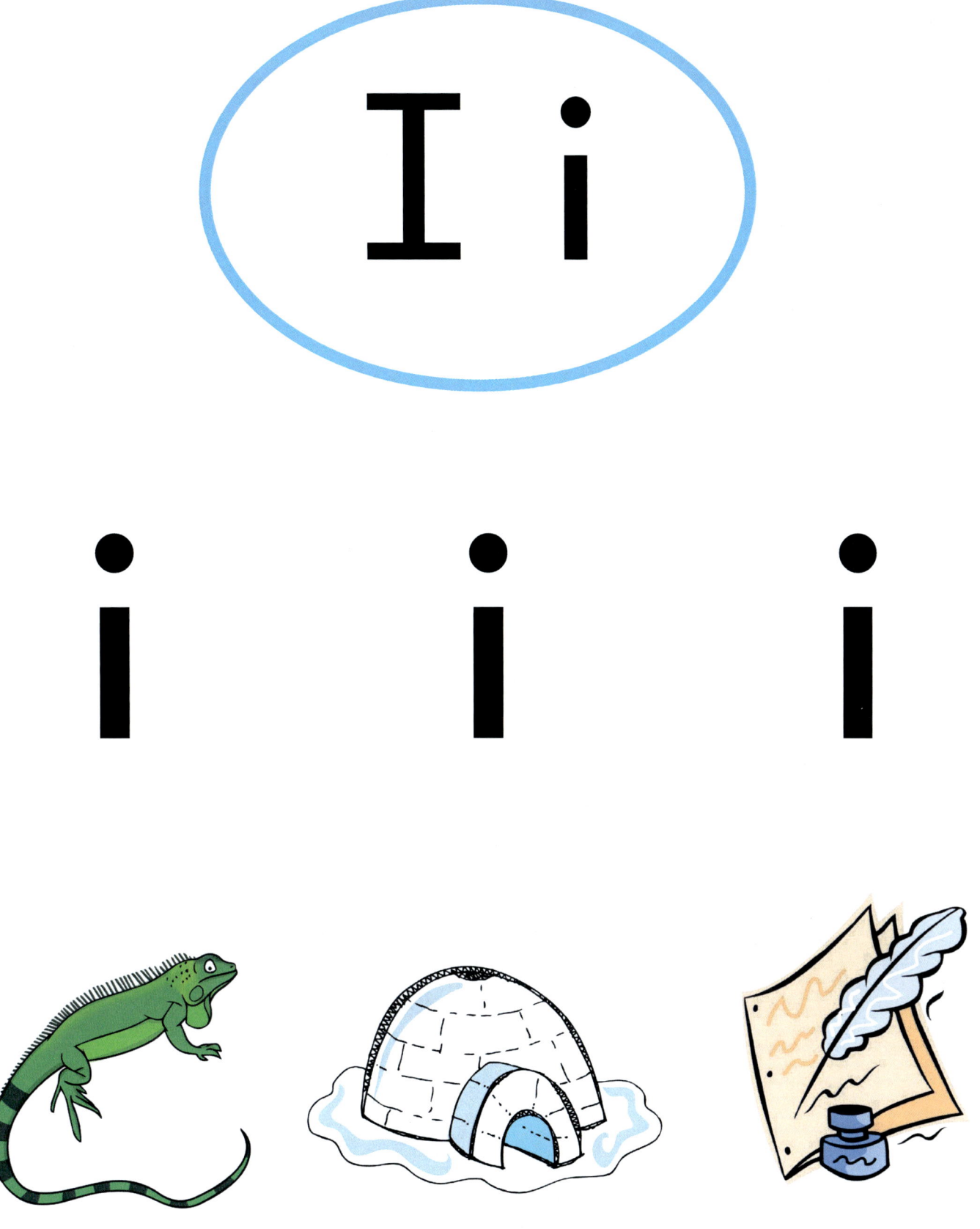

© 2022 JDA Learning Resources LLC

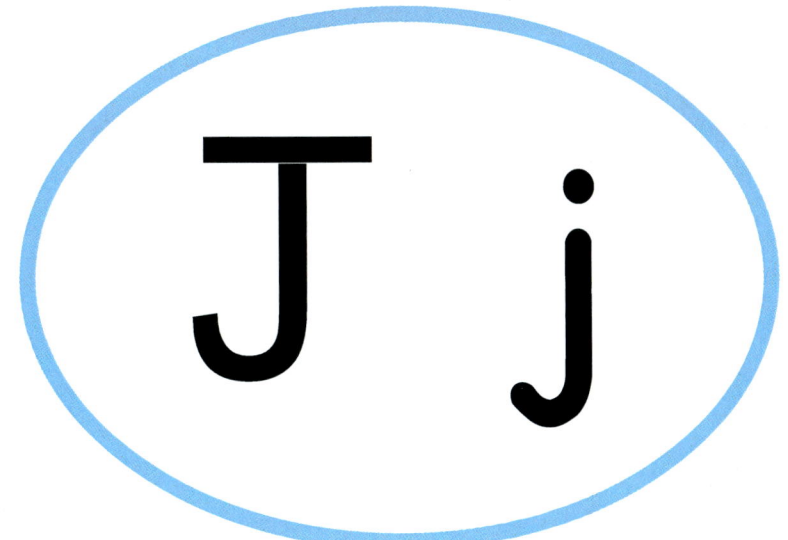

j j j

© 2022 JDA Learning Resources LLC

© 2022 JDA Learning Resources LLC

K k

k k k

© 2022 JDA Learning Resources LLC

© 2022 JDA Learning Resources LLC

m m m

© 2022 JDA Learning Resources LLC

© 2022 JDA Learning Resources LLC

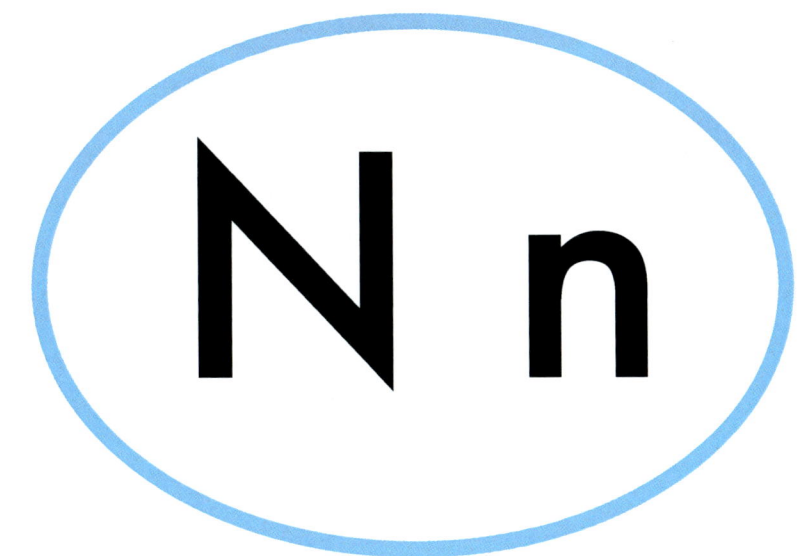

n n n

 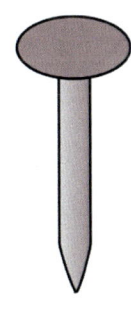 

© 2022 JDA Learning Resources LLC

© 2022 JDA Learning Resources LLC

© 2022 JDA Learning Resources LLC

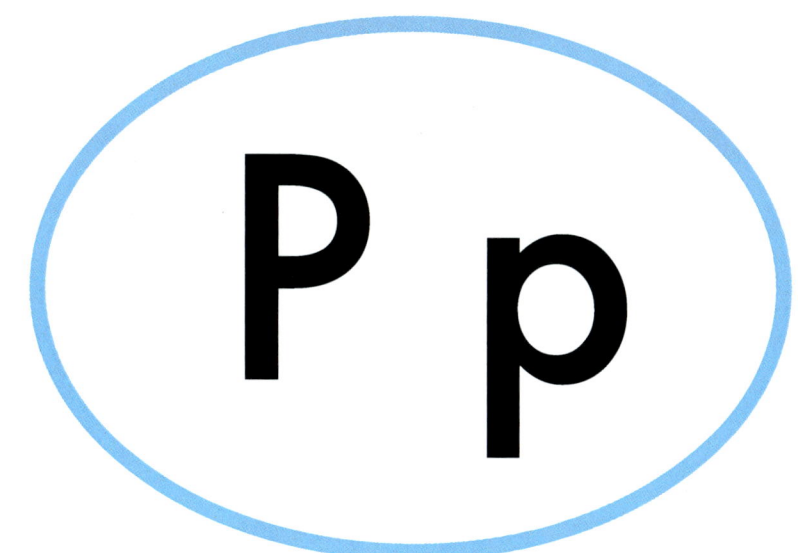

p p p

© 2022 JDA Learning Resources LLC

(Q q)

q   q   q

© 2022 JDA Learning Resources LLC

R r

r r r

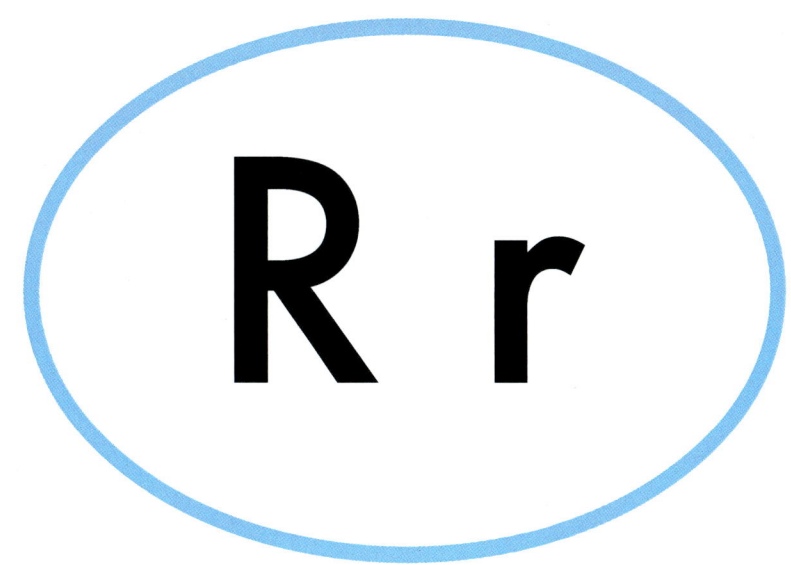

© 2022 JDA Learning Resources LLC

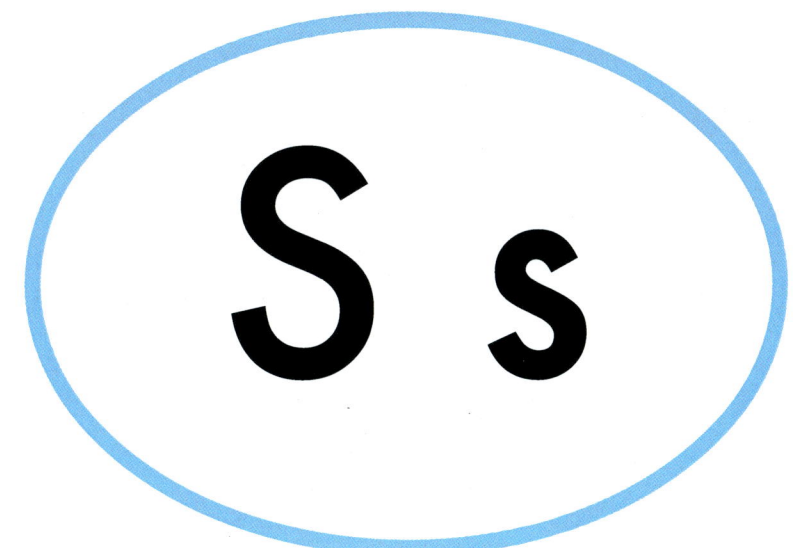

S s s

© 2022 JDA Learning Resources LLC

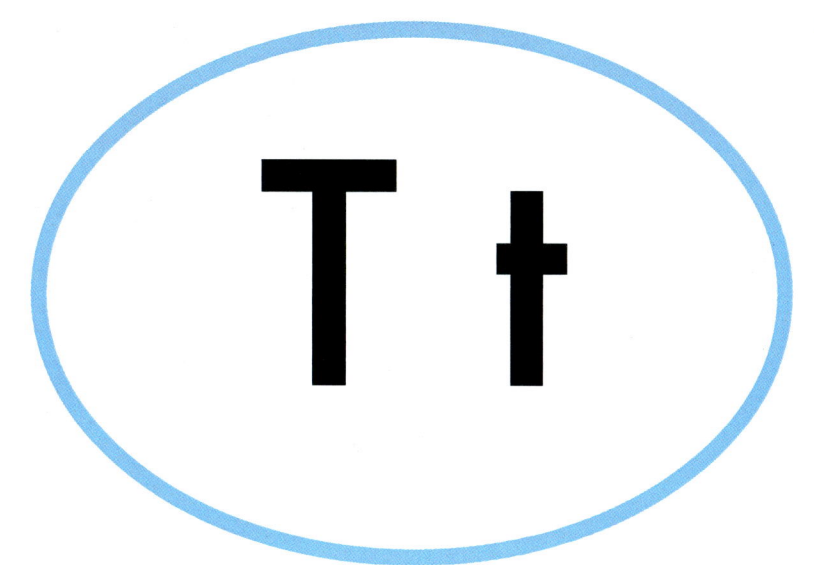

© 2022 JDA Learning Resources LLC

© 2022 JDA Learning Resources LLC

U U U

© 2022 JDA Learning Resources LLC

© 2022 JDA Learning Resources LLC

V v

V   v   v

© 2022 JDA Learning Resources LLC

W w

W w w

  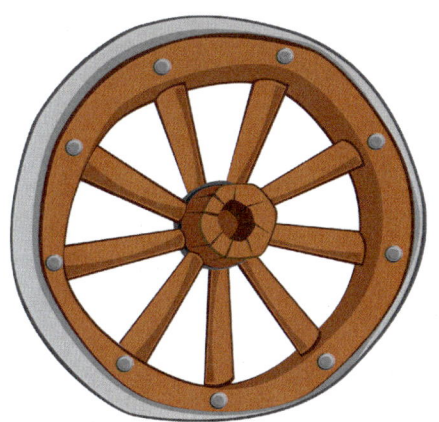

© 2022 JDA Learning Resources LLC

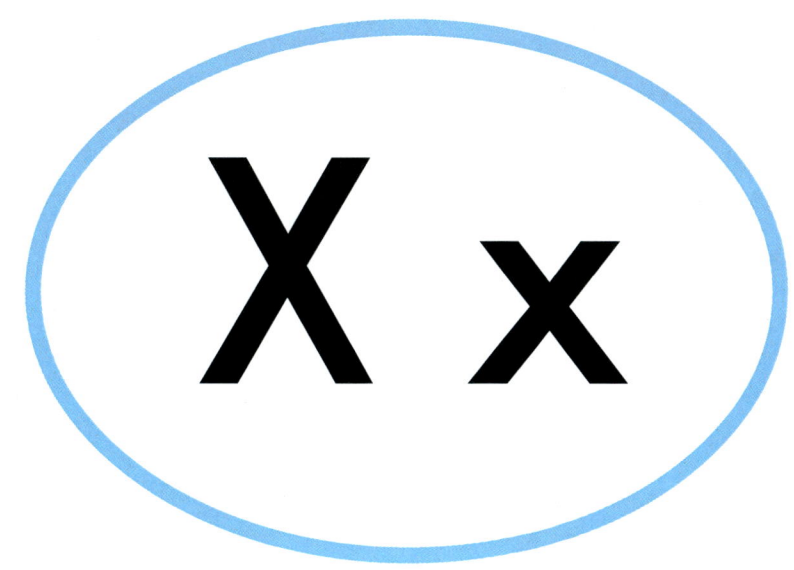

X x x

 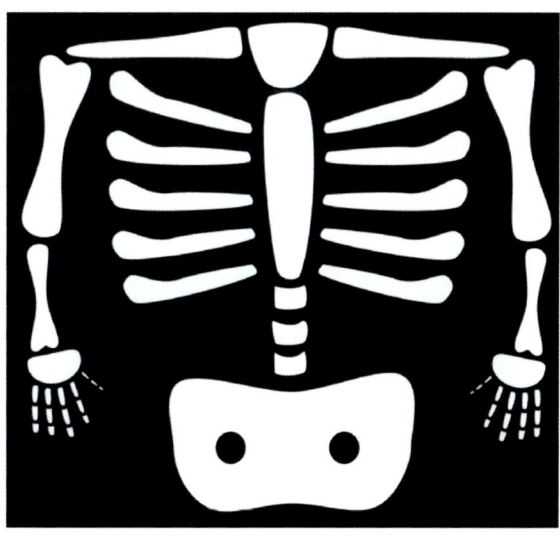

© 2022 JDA Learning Resources LLC

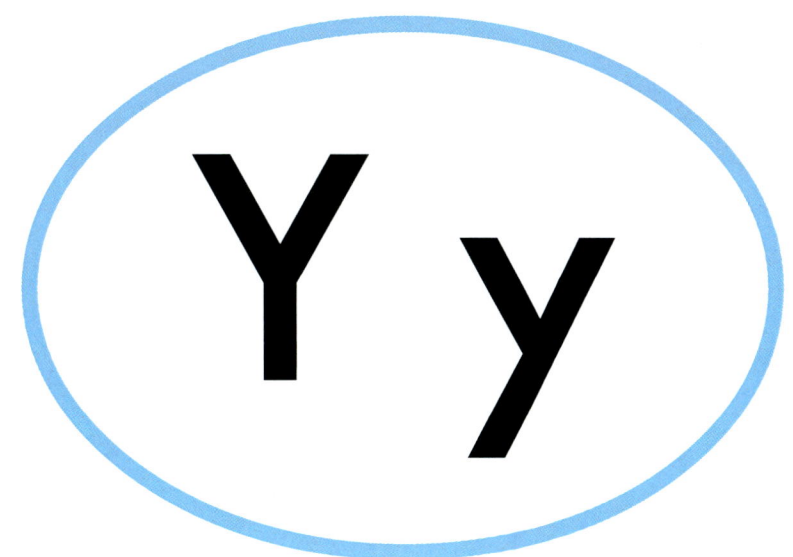

y y y

© 2022 JDA Learning Resources LLC

© 2022 JDA Learning Resources LLC

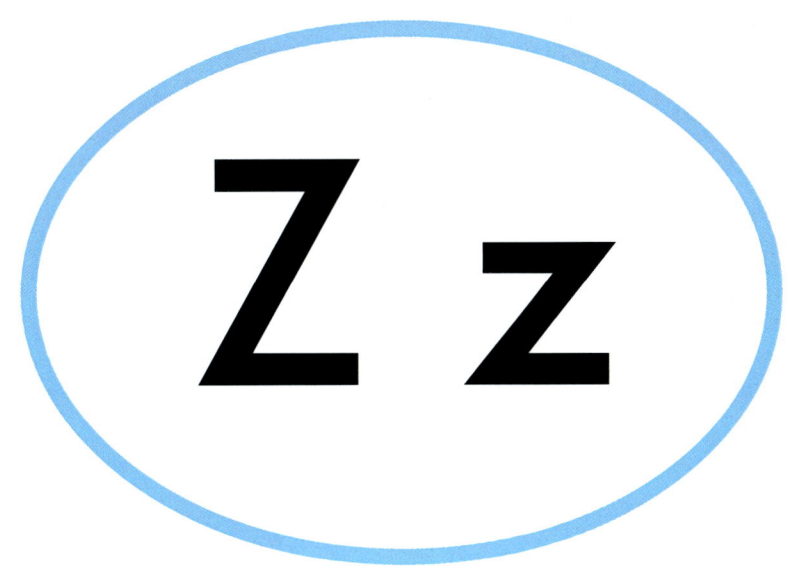

Z z Z

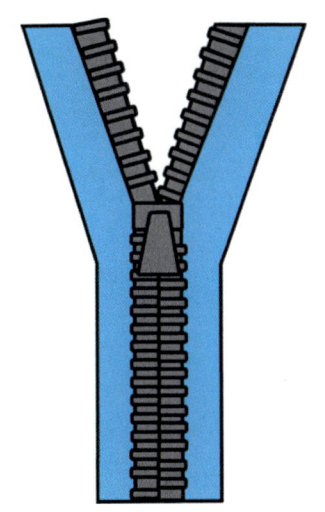 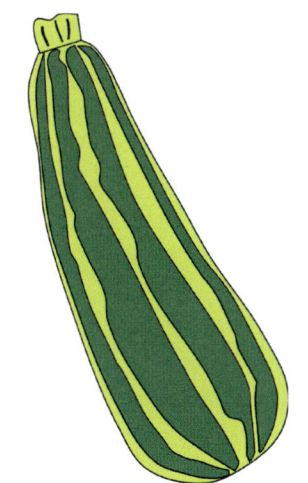 

© 2022 JDA Learning Resources LLC

Made in the USA
Columbia, SC
19 January 2023